Eastside Elementary School
Cleveland ISD
1602 Shell Ave.
Cleveland, TX 77327

Dump Trucks ⚙
Camiones de volteo

By/Por ERIN FALLIGANT

Illustrated by/Ilustrado por SR. SÁNCHEZ

Music by/Música por SALSANA MUSIC

CANTATA
LEARNING

CANTATA
LEARNING

Published by Cantata Learning
1710 Roe Crest Drive
North Mankato, MN 56003
www.cantatalearning.com

Library of Congress Cataloging-in-Publication Data
Names: Falligant, Erin, author. | Sanchez, Sr., 1973– illustrator. |
    Falligant, Erin. Dump trucks. | Falligant, Erin. Dump trucks. Spanish. |
    Salsana Music, composer.
Title: Dump trucks / by Erin Falligant ; illustrated by Sr. Sanchez ; music
    by Salsana Music = Camiones de volteo / por Erin Falligant ; ilustrado por
    Sr. Sanchez ; musica por Salsana Music.
Other titles: Camiones de volteo
Description: North Mankato, MN : Cantata Learning, [2019] | Series: Machines!
    = Las maquinas! | Includes bibliographical references. | Audience: Ages
    6–7. | Audience: Grades K to 3. | English and Spanish.
Identifiers: LCCN 2018026147 (print) | LCCN 2018028745 (ebook) | ISBN
    9781684103584 (eBook) | ISBN 9781684103386 (hardcover) | ISBN
    9781684103744 (pbk.)
Subjects: LCSH: Dump trucks--Juvenile literature. | Earthwork--Juvenile
    literature.
Classification: LCC TL230.15 (ebook) | LCC TL230.15 .F35 2019 (print) | DDC
    629.225--dc23
LC record available at https://lccn.loc.gov/2018026147

Book design and art direction: Tim Palin Creative
Production assistance: Shawn Biner
Editorial direction: Kellie M. Hultgren
Music direction: Elizabeth Draper
Music arranged and produced by Salsana Music

Printed in the United States of America.
0397

ACCESS THE MUSIC!

SCAN CODE WITH MOBILE APP

CANTATALEARNING.COM

TIPS TO SUPPORT LITERACY AT HOME

Daily reading and singing with your child are fun and easy ways to build early literacy and language development.

USING CANTATA LEARNING BOOKS AND SONGS DURING YOUR DAILY STORY TIME

1. As you sing and read, point out the different words on the page that rhyme.

2. Memorize simple rhymes such as Itsy Bitsy Spider and sing them together.

3. Use the critical thinking questions in the back of each book to guide your singing and storytelling.

4. Follow the notes and words in the included sheet music with your child while you listen to the song.

5. Access music by scanning the QR code on each Cantata book. You can also stream or download the music for free to your computer, smartphone, or mobile device.

Devoting time to daily reading shows that you are available for your child. Together, you are building language, literacy, and listening skills.

Have fun reading and singing!

CONSEJOS PARA APOYAR LA ALFABETIZACIÓN EN EL HOGAR

Leer y cantar diariamente con su hijo son maneras divertidas y fáciles de promover la alfabetización temprana y el desarrollo del lenguaje.

USO DE LIBROS Y CANCIONES DE CANTATA DURANTE SU TIEMPO DIARIO DE LECTURA DE CUENTOS

1. Mientras canta y lee, señale las diferentes palabras en la página que riman.

2. Memorice rimas simples como Itsy Bitsy Spider y cántenlas juntos.

3. Use las preguntas críticas para pensar en la parte posterior de cada libro para guiar su canto y relato del cuento.

4. Siga las notas y las palabras en la partitura de música incluida con su hijo mientras escuchan la canción.

5. Acceda la música al escanear el código QR en cada libro de Cantata. Además, puede transmitir o bajar la música gratuitamente a su computadora, teléfono inteligente o dispositivo móvil.

Dedicar tiempo a la lectura diaria muestra que usted está disponible para su hijo. Juntos, están desarrollando el lenguaje, la alfabetización y destrezas de comprensión auditiva.

¡Diviértanse leyendo y cantando!

Which truck can carry very heavy loads?
A dump truck! It can carry many tons of dirt,
sand, or rocks. Dump trucks have a **bed** that
tilts. When it tilts up, its load dumps out!

To learn more about dump trucks, turn the
page and sing along.

¿Qué camión puede llevar cargas muy pesadas? ¡Un camión de volteo! Puede transportar muchas toneladas de tierra, arena o rocas. Los camiones de volteo tienen una **cama** que se inclina. Cuando se inclina hacia arriba, ¡vacía su carga!

Para aprender más sobre los camiones de volteo, da vuelta la página y canta la canción.

We may see dump trucks on the road
or at construction sites.
They carry dirt and **gravel** in
and trash back out at night.

Podemos ver camiones de volteo en la calle
o en los sitios de construcción.
Traen con ellos tierra y **gravilla**
y de noche retiran desperdicios.

We fill a dump truck with its load.

We watch it drive about.

But when the bed tilts up, up, up,

it dumps its load right out!

Llenamos un camión de volteo con su carga.

Lo miramos alejarse.

Pero cuando la cama se inclina hacia arriba,

¡la carga comienza a vaciarse!

The place where all the gravel goes
is called a bed or box.
A gate in back will open up
to let out all the rocks.

El lugar donde se coloca la gravilla
se llama una cama o caja.
Una puerta se abre atrás
para dejar a las piedras bajar.

11

We fill a dump truck with its load.
We watch it drive about.
But when the bed tilts up, up, up,
it dumps its load right out!

Llenamos un camión de volteo con su carga.

Lo miramos alejarse.

Pero cuando la cama se inclina hacia arriba,

¡la carga comienza a vaciarse!

The **cab** is where the driver sits
when she goes for a ride.
She climbs the ladder to the top
and then sits right inside.

La **cabina** es donde se sienta la conductora
cuando está lista para manejar.
Sube la escalera hasta arriba
y adentro se sienta sin demora.

We fill a dump truck with its load.

We watch it drive about.

But when the bed tilts up, up, up,

it dumps its load right out!

Llenamos un camión de volteo con su carga.

Lo miramos alejarse.

Pero cuando la cama se inclina hacia arriba,

¡la carga comienza a vaciarse!

Some other trucks help fill the bed:
loaders and diggers too.
But when it's time to dump the load,
dump trucks know what to do!

Otros camiones ayudan a llenar la cama:
cargadores y excavadoras también.
Pero cuando es hora de vaciar la carga,
¡los camiones de volteo lo hacen muy bien!

We fill a dump truck with its load.

We watch it drive about.

But when the bed tilts up, up, up,

it dumps its load right out!

Llenamos un camión de volteo con su carga.

Lo miramos alejarse.

Pero cuando la cama se inclina hacia arriba,

¡la carga comienza a vaciarse!

SONG LYRICS
Dump Trucks / Camiones de volteo

We may see dump trucks on the road
or at construction sites.
They carry dirt and gravel in
and trash back out at night.

Podemos ver camiones de volteo en
la calle
o en los sitios de construcción.
Traen con ellos tierra y gravilla
y de noche retiran desperdicios.

We fill a dump truck with its load.
We watch it drive about.
But when the bed tilts up, up, up,
it dumps its load right out!

Llenamos un camión de volteo con
su carga.
Lo miramos alejarse.
Pero cuando la cama se inclina
hacia arriba,
¡la carga comienza a vaciarse!

The place where all the gravel goes
is called a bed or box.
A gate in back will open up
to let out all the rocks.

El lugar donde se coloca la gravilla
se llama una cama o caja.
Una puerta se abre atrás
para dejar a las piedras bajar.

We fill a dump truck with its load.
We watch it drive about.
But when the bed tilts up, up, up,
it dumps its load right out!

Llenamos un camión de volteo con
su carga.
Lo miramos alejarse.
Pero cuando la cama se inclina
hacia arriba,
¡la carga comienza a vaciarse!

The cab is where the driver sits
when she goes for a ride.
She climbs the ladder to the top
and then sits right inside.

La cabina es donde se sienta la
conductora
cuando está lista para manejar.
Sube la escalera hasta arriba
y adentro se sienta sin demora.

We fill a dump truck with its load.
We watch it drive about.
But when the bed tilts up, up, up,
it dumps its load right out!

Llenamos un camión de volteo con
su carga.
Lo miramos alejarse.

Pero cuando la cama se inclina
hacia arriba,
¡la carga comienza a vaciarse!

Some other trucks help fill the bed:
loaders and diggers too.
But when it's time to dump the load,
dump trucks know what to do!

Otros camiones ayudan a llenar la
cama:
cargadores y excavadoras también.
Pero cuando es hora de vaciar la
carga,
¡los camiones de volteo lo hacen
muy bien!

We fill a dump truck with its load.
We watch it drive about.
But when the bed tilts up, up, up,
it dumps its load right out!

Llenamos un camión de volteo con
su carga.
Lo miramos alejarse.
Pero cuando la cama se inclina
hacia arriba,
¡la carga
comienza a
vaciarse!

Dump Trucks / Camiones de volteo

Children's
Salsana Music

Verse / Verso

1. We may see dump trucks on the road or at con-struc-tion sites. They car-ry dirt and grav-el in and trash back out at night. Po-de-mos ver ca-mio-nes de vol-te-o en la ca-lle o en los si-ti-os de con-struc-ción. Tra-en con e-llos tie-rra y gra-vi-lla y de no-che re-ti-ran des-per-di-cios.

Chorus / Estribillo

We fill a dump truck with its load. We watch it drive a-bout. But when the bed tilts up, up, up, it dumps its load right out! Llen-a-mos un ca-mión de vol-te-o con su car-ga. Lo mir-a-mos a-le-jar-se. Pe-ro cuan-do la ca-ma se in-cli-na ha-cia a-rri-ba, ¡la car-ga co-mien-za a va-ciar-se!

Verse / Verso 2
The place where all the gravel goes
is called a bed or box.
A gate in back will open up
to let out all the rocks.

El lugar donde se coloca la gravilla
se llama una cama o caja.
Una puerta se abre atrás
para dejar a las piedras bajar.

Chorus / Estribillo

Verse / Verso 3
The cab is where the driver sits
when she goes for a ride.
She climbs the ladder to the top
and then sits right inside.

La cabina es donde se sienta la conductora
cuando está lista para manejar.
Sube la escalera hasta arriba
y adentro se sienta sin demora.

Chorus / Estribillo

Verse / Verso 4
Some other trucks help fill the bed:
loaders and diggers too.
But when it's time to dump the load,
dump trucks know what to do!

Otros camiones ayudan a llenar la cama:
cargadores y excavadoras también.
Pero cuando es hora de vaciar la carga,
¡los camiones de volteo lo hacen muy bien!

Chorus / Estribillo

ACCESS THE MUSIC!
SCAN CODE WITH MOBILE APP
CANTATALEARNING.COM

GLOSSARY / GLOSARIO

bed—the open part of a truck where loads are carried
cama—la parte abierta de un camión donde se transporta la carga

cab—where a truck driver sits
cabina—donde el conductor del camión se sienta

gravel—small pieces of rock
gravilla—pedacitos de roca

CRITICAL THINKING QUESTIONS

What things would a dump truck carry? Draw a picture of a dump truck with its bed full of those things. What noises would it make as it loads and unloads those things?

PREGUNTAS DE PENSAMIENTO CRÍTICO

¿Qué cosas llevaría un camión de volteo? Haz un dibujo de un camión de volteo con su cama llena de cosas. ¿Qué sonidos haría cuando carga y descarga esas cosas?

FURTHER READING / OTROS LIBROS

Clay, Kathryn. *Dump Trucks.* North Mankato, MN: Capstone, 2016

Graham, Ian. *Dump Trucks and Other Big Machines.* Ontario, Canada: Firefly Books, 2016.

Osier, Dan. *Los Camiones de Volteo: Dump Trucks.* New York: PowerKids Press, 2014.

Eastside Elementary School
Cleveland ISD
1602 Shell Ave.
Cleveland, TX 77327